フェルトでつくる
かわいい花とスイーツ

PieniSieni
Yuko Motoyama
RUKO

日本文芸社

はじめに

あたたかくてやわらかな質感のシートフェルト。

とても身近で、でも懐かしい存在。

小さなころに触れた感触を思い出して、フェルトと遊んでみませんか。

1枚のシートフェルトで花やスイーツのモチーフをつくるために、

難しい技術は要りません。

作業は主に切って、縫って、貼る。

たったそれだけで、素敵な作品が出来上がります。

フェルトでつくるシックな花とスイーツの世界を、

ぜひ楽しんでください。

もくじ

はじめに ——————————————————————————— 2

花のモチーフ
掲載ページ／つくり方

薔薇 ——————————————————————————— 6 ／ 42

ラナンキュラス ————————————————————— 7 ／ 44

椿 ————————————————————————————— 8 ／ 45

ダリア ————————————————————————— 9 ／ 48

ガーベラ ————————————————————————— 10 ／ 50

向日葵 ————————————————————————— 12 ／ 51

寒菊 ——————————————————————————— 13 ／ 52

紫陽花 ————————————————————————— 14 ／ 53

都忘れ、葉 I ————————————————————— 15 ／ 54、66

日々草 ————————————————————————— 16 ／ 58

カーネーション ————————————————————— 17 ／ 56

松葉牡丹、葉 II ———————————————————— 18 ／ 55、66

矢車菊 ————————————————————————— 19 ／ 59

ポピー ————————————————————————— 20 ／ 62

アネモネ ————————————————————————— 21 ／ 60

木蓮 ——————————————————————————— 22 ／ 63

梔子、葉 III ——————————————————————— 24 ／ 64、68

デイジー ————————————————————————— 25 ／ 65

グリーンのモチーフ

多肉植物 5 種 ————————————————————— 26 ／ 69 〜 73

スイーツのモチーフ
ベリーショートケーキ ——————————————— 28 / 74
チョコレートケーキ ——————————————— 29 / 78
ロールケーキ ——————————————————— 30 / 88
マカロン ————————————————————— 31 / 82
クッキー ————————————————————— 32 / 84
パウンドケーキ ————————————————— 33 / 86

小物へのアレンジ
ヘアピン ————————————————————— 34 / 89
ブローチ ————————————————————— 35 / 89
チョーカー ———————————————————— 36 / 89
キーチェーン ——————————————————— 37 / 89

材料 ———————————————————————— 38
道具 ———————————————————————— 39
つくり方ページの見方 ——————————————— 40
基本の作業 ———————————————————— 41
小物への仕立て方 ————————————————— 89
実物大型紙 ———————————————————— 90

※印刷物のため、作品の色は実際と違って見えることがあります。ご了承ください。
※本書の一部または全部をホームページに掲載したり、本書に掲載された作品を複製して店頭やネットショップなどで無断で販売することは、著作権法で禁じられています。

花のモチーフ

薔薇(ばら)

少し暗めの色合いが上品で洗練されたデザイン。お好みで大きさを変えるのも楽しい。

つくり方 ▶▶ **p.42**

design ▶▶ PieniSieni

ラナンキュラス

重なり合った花弁がとてもラグジュアリー。
つぼみのような花心が印象的。

つくり方 ▶▶ **p.44**
design ▶▶ 元山ゆう子

椿
<small>つばき</small>

凛としたたたずまいのたおやかな花。ふっさりとした花心が特徴的。

つくり方 ▶▶ **p.45**

design ▶▶ PieniSieni

ダリア

グラデーションが美しく華やかな大輪。ブローチやコサージュでアクセントに。

つくり方 ▶▶ **p.48**

design ▶▶ PieniSieni

ガーベラ

色とりどりのカラフルな花。
お好みの配色を見つけてみて。

つくり方 ▶▶ **p.50**

design ▶▶ 元山ゆう子

向日葵
<small>ひまわり</small>

鮮やかな黄色が生気にあふれた一輪。花瓶に挿して飾れば見ているだけで元気に。

つくり方 ▶▶ **p.51**

design ▶▶ 元山ゆう子

寒菊
かんぎく

繊細な花弁を再現。白と黄色のやわらかな色味と、ふさふさした触感がやさしい。

つくり方 ▶▶ **p.52**

design ▶▶ PieniSieni

紫陽花
<small>あじさい</small>

よりそい合った可憐な小さな花達。茎をまとめてリボンをかけて、贈り物にいかが。

つくり方 ▶▶ **p.53**
design ▶▶ PieniSieni

都忘れ／葉Ⅰ
<small>みやこわすれ</small>

花心と花弁のくっきりとした
コントラストは、葉にのせる
といっそうシャープな印象。

つくり方 ▶▶ **p.54**

葉Ⅰのつくり方 ▶▶ **p.66**

design ▶▶ PieniSieni

日々草
にちにちそう

シンプルなデザインとピンクがかわいさを演出。ビーズの大きさはお好みで変えても。

つくり方 ▶▶ **p.58**

design ▶▶ PieniSieni

カーネーション

折り重なった淡い花弁はまるでフリル。やわらかな女性らしさを感じて。

つくり方 ▶▶ **p.56**
design ▶▶ PieniSieni

松葉牡丹／葉Ⅱ
<small>まつばぼたん</small>

葉を添えてしとやかに落ち着いた雰囲気を演出。ほのかなクリーム色が慎ましやか。

つくり方 ▶▶ **p.55**

葉Ⅱのつくり方 ▶▶ **p.66**

design ▶▶ PieniSieni

矢車菊
<small>や ぐるま ぎく</small>

ほっそりと細やかな花弁で涼やかな気分に。ブルーの配色も美しく。

つくり方 ▶▶ **p.59**
design ▶▶ PieniSieni

ポピー

ダークトーンでまとめたシックな作品。独特のムードに酔いしれて。

つくり方 ▶▶ **p.62**

design ▶▶ 元山ゆう子

アネモネ

カラフルに、色鮮やかに。お好きなカラーを組み合わせてオリジナリティを出して。

つくり方 ▶▶ **p.60**

design ▶▶ 元山ゆう子

木蓮
もくれん

丸みを帯びたふっくらボディがポイント。大小の花弁で大きさも自由に楽しんで。

つくり方 ▶▶ **p.63**

design ▶▶ 元山ゆう子

梔子／葉Ⅲ
<small>くちなし</small>

際立った白が上品。控えめな愛らしさが親しみやすく魅力的。

つくり方 ▶▶ **p.64**

葉Ⅲのつくり方 ▶▶ **p.68**

design ▶▶ PieniSieni

デイジー

可憐なピンクと丸いフォルムの組み合わせは、愛される花にぴったり。

つくり方 ▶▶ **p.65**

design ▶▶ PieniSieni

グリーンのモチーフ
design ▶▶ 元山ゆう子

多肉植物Ⅰ	多肉植物Ⅱ	多肉植物Ⅲ	多肉植物Ⅳ	多肉植物Ⅴ
たくさんのとがった葉は、方向性もそれぞれ自由にのびのび。	明るめのグリーンとギザギザの渦巻きで、多肉の雰囲気を再現。	アロエのようなモチーフもミニチュア版にするとかわいさ満点。	ふくらみのある中心から、外に向かって繁る葉の大胆さに注目。	三角の葉がチャーミング。色を変えれば薔薇のようにも。
つくり方 ▶▶ **p.69**	つくり方 ▶▶ **p.70**	つくり方 ▶▶ **p.71**	つくり方 ▶▶ **p.72**	つくり方 ▶▶ **p.73**

スイーツのモチーフ
design ▶ RUKO（p.28-33）

ベリーショートケーキ

こぢんまりしたサイズ感、でもしっかりトッピングが嬉しい一品。

つくり方 ▶ **p.74**

チョコレートケーキ

豊富なフルーツが鮮やかでかわいい。疲れたときに眺めて、ひと息いかが。

つくり方 ▶▶ **p.78**

ロールケーキ

くるりん渦巻きがお茶目なムード。ささやかな細工が目にも楽しい。

つくり方 ▶▶ **p.88**

マカロン

色とりどりのパステルカラー、見ているだけでご機嫌になれちゃう。

つくり方 ▶▶ **p.82**

クッキー

さぁ、焼けた！　あなたの好きなクッキーはどれ？　焼き加減はお好みで調整できるよ。

つくり方 ▶▶ **p.84**

パウンドケーキ

抹茶、いちご、コーヒー。3種類もあって大満足のパウンドケーキ。

つくり方 ▶▶ **p.86**

……… 小物へのアレンジ ………

ヘアピン

お好きな花をピンにつけて、簡単髪飾りの出来上がり。花はこぶりなものがおすすめ。

つくり方 ▶▶ **p.89**

ブローチ

コンパクトなブローチはちょっとしたアクセントに。バッグや帽子につけても。

つくり方 ▶▶ **p.89**

チョーカー

ダークレッドがコーデのワン
ポイント。シックなムードを
演出してくれます。

つくり方 ▶▶ **p.89**

キーチェーン

あのチェーン、なんだか美味しそう。まるで本物みたいなキュートさ。

つくり方 ▶▶ **p.89**

材料　　本書で使用している主な材料です。

1 フェルト
本書では、サンフェルト株式会社のミニーシリーズを使用しています。
20cm×20cmサイズ、ウールとレーヨン混合のフェルトです。

2 ワイヤー
フェルトのつなぎ合わせや茎として使います。

3 刺繍糸
6本どりになっている25番刺繍糸を使用しています。模様をつけるときに使います。縫い糸としてもよいでしょう。

4 厚紙
フェルトにはさむと形がしっかり固定されます。

5 スチレンボード
作品の厚みを出したいときに最適です。

6 フェルトボール
花心として使用しています。お好みの大きさや色を自由に選べます。

7 ビーズ
フェルトに縫いつけ、模様として使います。

8 綿
フェルトにつめて作品に丸味を出します。

道具

本書で使用している主な道具です。

① 針
縫い針はフェルトを縫い合わせるときに、まち針は固定するときに使います。

② 縫い糸
本書ではミシン糸を使用しています。手縫い糸でもかまいません。

③ 洗濯ばさみ
ボンドを乾かすときなど、フェルトを固定するために使います。

④ チャコペン
型紙をフェルトに描き写すときに使います。

⑤ ピンセット
フェルトをつまんだり、仕上げに整えたりなど、細かい作業に使います。

⑥ 目打ち
フェルトに穴を開けるときなどに使います。

⑦ ニッパー
ワイヤーを切るときに使います。

⑧ トレーシングペーパー
型紙を描き写すときに使います。厚手のものがおすすめ。

⑨ ロータリーカッター
定規に沿ってまっすぐ切りたいときに便利です。

⑩ ボンド
フェルトを接着するときに使います。速乾性のものがおすすめ。

⑪ グルースティック グルーガン
フェルトを接着するときや、模様を描くときに使います。熱で溶け、冷めると固まります。

⑫ はさみ類
フェルトや糸を切るときに使います。裁ちばさみはよく切れるものがおすすめ。

● テープ類
材料を接着したり固定したりするときに両面テープやセロハンテープを使います。

● 定規
型紙のないパーツを、寸法通りにつくるときに使います。

● つまようじ、竹串
細かな場所にボンドを塗るときに使います。

つくり方ページの見方

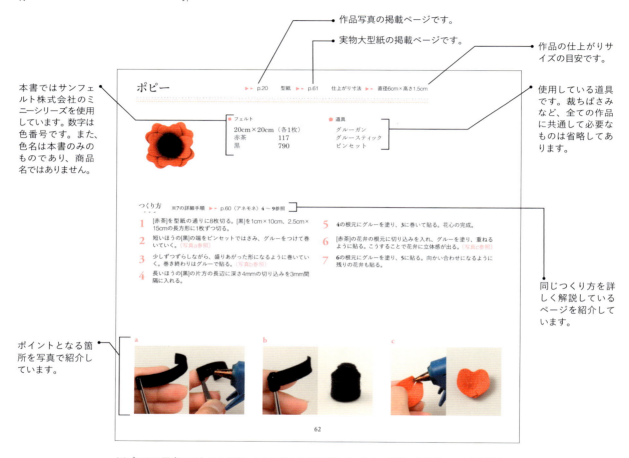

※プロセス写真ではわかりやすいように糸の色を変更しています。実際の作品はフェルトと同色の糸を使用しています。
※本書で扱っている花、植物の名前はイメージです。実際の花、植物と色や造形は異なります。

基本の作業

フェルトを切る

1 型紙をフェルトに当て、チャコペンで線をなぞる。

2 チャコペンの線に沿って裁ちばさみで切る。

フェルトを縫う

並縫い
表裏の縫い目をそろえ、布を縫い合わせる基本の縫い方です。

ぐし縫い
表裏の縫い目をそろえ、細かく縫う方法で、縫い縮めて丸みを出すのに使っています。

巻きかがり縫い
布端などをくるむように縫う方法です。

たてまつり縫い
アップリケなどに使う、縫い目がたてになるまつり方です。

玉どめ
縫い終わりは玉どめをしますが、この本では模様としても使っています。

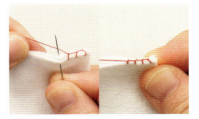

ブランケット・ステッチ
布端などをかがるときに使う、針の後ろに糸をかけながら縫い進める方法です。

薔薇
ばら

▶▶ p.6　　仕上がり寸法　▶▶　直径5cm×高さ3cm

■ フェルト
20cm×20cm （各1枚）
ワインレッド　　120
赤茶　　　　　117
ダークオレンジ　144

● 道具
縫い針
縫い糸
ピンセット

つくり方

1　[ワインレッド]を型紙Aの通りに5枚切る。もしくはフェルトを寸法通りの正方形に切ってから、四隅をはさみで切り落としてもよい。

2　底辺を重ね、縫ってつなぐ。このとき、重なる部分を意識して針を通す。

3　最後まで縫って、玉どめする。

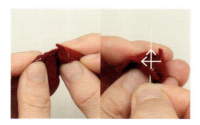

4　根元を端から巻き、十字に縫う。

5　ピンセットで中心をつまみ、花弁を巻きこむように形を整える。花の中心の完成。

6　[赤茶]を型紙Bの通りに6枚切り、底辺を縫ってつなぐ。

実物大型紙

2.5×2.5cm　　　3×3cm　　　3.5×3.5cm

A　　　B　　　C

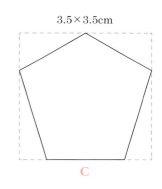

7　6を5に巻き、根元を十字に縫う。

8　花小の完成。

9　[ダークオレンジ]を型紙Bの通りに7枚切り、底辺を縫ってつなぐ。

10　9を8に巻き、根元を十字に縫う。花中の完成。

11　[ダークオレンジ]を型紙Cの通りに8枚切り、底辺を縫ってつなぐ。

12　11を10に巻き、根元を十字に縫い、最後は中心に針を出し、玉どめする。完成。

ラナンキュラス　▶▶ p.7　　仕上がり寸法　▶▶ 直径6cm×高さ2cm

- フェルト
  20cm×20cm（各1枚）
  ルビーレッド　　116
  サーモンピンク　105

- その他の材料
  フェルトボール（2cm 1個）

- 道具
  グルーガン
  グルースティック

実物大型紙

A　　B

※葉は[オリーブグリーン（442）]を型紙C（p.89）の通りに切り、花心の裏にグルーで貼る。

つくり方

1. [ルビーレッド]を型紙Aの通りに35枚、Bの通りに7枚切る。Bの1枚をグルーでフェルトボールにつける。（写真a参照）

2. Bの残りの6枚を円形になるように重ねながら、グルーで貼る。（写真a参照）

3. **2**にグルーを塗り、包み込むように**1**のフェルトボールに貼る。花心の完成。（写真b参照）

4. Aの花弁の根元にグルーを塗り、花弁をやや重ねながら、花心を1周するように**3**に貼る。写真は5枚貼ったところ（1周目）。（写真c参照）

5. 残りの花弁も同様に4周目まで貼る。

a

b

c
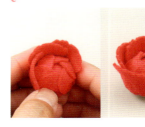

椿
(つばき)

▶▶ p.8　　型紙B、C　▶▶ p.47　　仕上がり寸法　▶▶ 直径6.5cm×高さ3cm

● フェルト
20cm×20cm（各1枚）
黄土色　　　　　334
ペールオレンジ　336
コーラルピンク　301
桜色　　　　　　110

● 道具
縫い針
縫い糸
まち針

実物大型紙
- - -

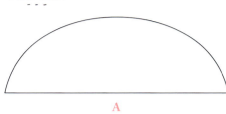

A

つくり方
- - -

1 [黄土色]を型紙Aの通りに切り、直線の方に深さ5mmの切り込みを3mm間隔に入れる。同じものを3枚つくる。

2 弧の部分をぐし縫いし、半円になるように重ね、つなぐ。

3 半円の最後まで縫う。

4 糸を引いて玉止めする。糸は切らない。

5 端から巻く。

6 根元を十字に縫う。

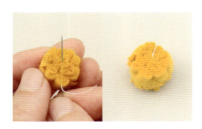

7 最後は中心に針を出し、玉どめする。

8 花心の完成。

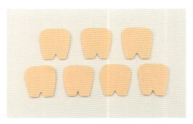

9 [ペールオレンジ]を型紙Bの通りに7枚切る。

10 9を2枚重ね、V字をまたぐように根元を縫う。

11 V字を閉じるように同じところをもう一度縫う。

12 もう1枚を重ね、同様に縫ってつなぐ。

13 10〜12を繰り返し、7枚すべて縫ってつなぐ。

14 13を8に巻き、根元を十字に縫う。

15 花小の完成。

16 [コーラルピンク]を型紙Bの通りに9枚切り、10〜13と同様に縫ってつなぐ。

17 16を15に巻き、根元を巻きかがる。

18 花中の完成。

19 [桜色]を型紙Cの通りに11枚切り、10〜13と同様に縫ってつなぐ。

20 19を18に巻き、花弁がずれないようにまち針を打って固定する。

21 根元を巻きかがる。

22 完成。

実物大型紙

B

C

47

ダリア

▶▶ p.9　　型紙 ▶▶ p.90　　仕上がり寸法 ▶▶ 直径9.5cm×高さ2cm

● フェルト
20cm×20cm（各1枚）
黄土色　　　334
シルバー　　770
アッシュグレイ　771
灰色　　　　273

● 道具
ピンキングばさみ
縫い針
縫い糸
ピンセット
竹串
ボンド
小鉢

つくり方

1 [黄土色]を1.5cm×9.5cmの長方形に切り、片方の長辺の端1mmをピンキングばさみで切り落とす。

2 ギザギザの谷に合わせ、深さ1cmの切り込みを入れる。

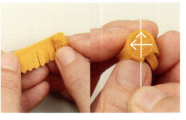

3 少しきつめに端から巻き、根元を十字に縫う。

4 花心の完成。

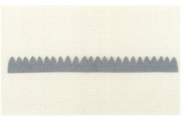

5 [シルバー]を型紙Aの通りに切る。

6 5を4に巻き、根元を十字に縫う。

7 花小の完成。

8 7の底と下から5mmまでの部分にボンドを塗る。

9 [シルバー]を型紙Bの通りに切り、7に貼る。

10 ピンセットで中心を押さえ、しっかりと貼る。

11 [シルバー]を型紙Cの通りに切り、8～10と同様に貼る。このとき、花弁がずれるように意識する。

12 [アッシュグレイ]を型紙DとEの通りに1枚ずつ切り、8～11と同様に貼る。

13 [灰色]を型紙Fの通りに2枚切り、花弁がずれるように重ねて貼る。

14 8～11と同様に、13を12に貼る。

15 適当な大きさの小鉢やお茶碗などに入れ、立体感をつくり、約1日置いて完全に乾燥させる。乾いたら完成。

ガーベラ

▶▶ p.10　　型紙 ▶▶ p.51　　仕上がり寸法 ▶▶ 直径9cm×高さ1.5cm

🌼 フェルト
20cm×20cm（各1枚）
ダークオレンジ　144
カーキ色　219
ダークイエロー　333

🌼 その他の材料
茶色のフェルトボール（直径1.5cm 1個）

🌼 道具
グルーガン
グルースティック

※花の裏側にグルーでワイヤー（20番 好みの長さ）を貼ると、茎つきになる。
※葉は[オリーブグリーン（442）]を型紙A（p.89）の通りに切り、グルーでワイヤーに貼る。

つくり方　※1〜3の詳細手順 ▶ p.60〈アネモネ〉2-3参照

1. [ダークオレンジ]を型紙の通りに30〜35枚、[カーキ色]を1.8cm×10cm、[ダークイエロー]を1.5cm×15cmの長方形に切る。
2. [カーキ色]、[ダークイエロー]の片方の長辺に深さ3mmの切り込みを3mm間隔に入れる。
3. [カーキ色]にグルーをつけながら、フェルトボールに巻いて貼る。さらに[ダークイエロー]を巻いて貼る。花心の完成。（写真a参照）
4. [ダークオレンジ]の花弁の根元にグルーをつけ、隣り合わせになるように1枚ずつ、花心を1周するように3に貼る。（写真b参照）
5. 2周目〜3周目まで貼る。さらに余った花弁ですき間を埋めるように貼る。（写真c参照）

▶▶ p.10、11の材料

ペールオレンジのガーベラ
ペールオレンジ　336
モカ茶　221
黄緑のフェルトボール

黄色のガーベラ
クリーム色　304
オフホワイト　701
黄色　332
緑のフェルトボール

薄ピンクのガーベラ
桜色　110
クリーム色　304
薄紅色　123
緑のフェルトボール

濃ピンクのガーベラ
薄紅色　123
黄緑　450
緑のフェルトボール

a

b

c

向日葵
（ひまわり）

▶ p.12　　仕上がり寸法　▶　直径10.5cm×高さ1.5cm

- フェルト

20cm×20cm（各1枚）
黄色　　　332
薄茶　　　227
（p.12の写真はカーキ色 219）
こげ茶　　229

- 道具

グルーガン
グルースティック

実物大型紙

※p.50〈ガーベラ〉も同型

※花の裏側にグルーでワイヤー（20番 好みの長さ）を貼ると、茎つきになる。
※葉は[抹茶色（444）]を型紙A（p.89）の通りに切り、グルーでワイヤーに貼る。

つくり方　※7〜8の詳細手順　▶　p.50〈ガーベラ〉4〜5参照

1. [黄色]を型紙の通りに30〜35枚、[こげ茶]を2cm×20cmの長方形に2枚切る。

2. [薄茶]を1.5cm×20cm、1.5cm×4cmに1枚ずつ切る。（写真a参照）

3. [こげ茶]の長辺の片端にグルーを塗り、輪ができるように縦半分に折って貼る。輪側に深さ3mmの切り込みを3mm間隔に入れる。

4. [薄茶]の片方の長辺に、深さ3mmの切り込みを3mm間隔に入れる。

5. [こげ茶]にグルーをつけながら、端から巻いていく。1枚目を巻き終えたら、2枚目をさらに巻いて貼る。（写真b参照）

6. 長いほうの[薄茶]にグルーをつけながら、5に巻いていく。巻き足りない部分に、短いほうの[薄茶]をグルーで貼る。花心の完成。（写真c参照）

7. [黄色]の花弁の根元にグルーをつけ、隣り合わせになるように1枚ずつ、花心を1周するように6に貼る。

8. 2周目〜3周目まで貼る。さらに余った花弁ですき間を埋めるように貼る。

a
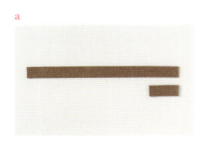

b

c

寒菊
かんぎく

▶▶ p.13　仕上がり寸法　▶▶ 直径5cm×高さ2.5cm

● フェルト
20cm×20cm（各1枚）
クリーム色　304
オフホワイト　701

● 道具
ピンキングばさみ
縫い針
縫い糸

つくり方　※3〜5の詳細手順　▶▶ p.48〈ダリア〉3〜6参照

1. [クリーム色]を2cm×20cmに1枚、[オフホワイト]を2.5cm×20cmに2枚切る。

2. それぞれ片方の長辺の端1mmをピンキングばさみで切る。さらにギザギザの谷に合わせ、[クリーム色]は深さ1.5cm、[オフホワイト]は深さ2cmの切り込みを入れる。（写真a参照）

3. [クリーム色]を端から巻き、根元を十字に縫う。

4. 3に[オフホワイト]1枚を巻き、根元を十字に縫う。

5. 4に[オフホワイト]のもう1枚を巻き、根元を十字に縫う。（写真b参照）

a

b

紫陽花 (あじさい)

▶ p.14　仕上がり寸法 ▶ 写真は33本で直径5cm×高さ10cm

- フェルト
  20cm×20cm（各1枚）
  ピーコックブルー　554
  ターコイズブルー　583
  セルリアンブルー　569

- その他の道具
  丸小ビーズ（黄色 適量）
  ワイヤー（30番 18cm 好みの本数）

- 道具
  目打ち
  ボンド
  竹串

実物大型紙

つくり方

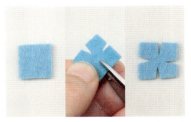

1 フェルトを1.5cm角に切る。4辺の真ん中をそれぞれV字に切り取り、花弁をつくる。（型紙参照）

2 目打ちで中央に穴をあける。

3 ワイヤーにビーズを通し、根元をねじる。

4 2の穴に3を通す。

5 ビーズの根元にボンドを塗る。

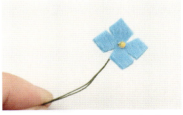

6 花弁に貼る。好きな色で適量数をつくり、束ねて完成。

都忘れ
みやこわす

▶▶ p.15　　型紙 ▶▶ p.55　　仕上がり寸法 ▶▶ 直径9.5cm×高さ2cm

● フェルト
20cm×20cm（各1枚）
黄土色　　334
紫　　　　663

● 道具
ピンキングばさみ
縫い針
縫い糸
ボンド
竹串

つくり方
※1〜3の詳細手順 ▶▶ p.48〈ダリア〉1〜4参照

1. [黄土色]を1cm×5.5cmの長方形に切り、片方の長辺の端1mmをピンキングばさみで切る。
2. ギザギザの谷に合わせ、深さ1cmの切り込みを入れる。
3. 少しきつめに端から巻き、根元を十字に縫う。花心の完成。
4. [紫]を型紙の通りに2枚切り、ずらして重ねる。（写真a参照）
5. 中心から1cmの円を描くようにぐし縫いする。（写真b参照）
6. 糸を引き、玉どめする。花弁の完成。（写真c参照）
7. **3**を**6**の中心にボンドで貼る。

a

b

c

松葉牡丹
まつばぼたん

▶▶ p.18　　仕上がり寸法　▶▶ 直径4.5cm×高さ1.5cm

■ フェルト
20cm×20cm（各1枚）
クリーム色　　304
黄土色　　　　334

● 道具
ピンキングばさみ
縫い針
縫い糸
ボンド
竹串

つくり方
※つくり方詳細手順 ▶▶ p.54〈都忘れ〉参照

1. [黄土色]を1cm×5.5cmの長方形に切り、片方の長辺の端1mmをピンキングばさみで切る。
2. ギザギザの谷に合わせ、深さ1cmの切り込みを入れる。
3. 少しきつめに端から巻き、根元を十字に縫う。花心の完成。
4. [クリーム色]を型紙の通りに2枚切り、ずらして重ねる。（写真a参照）
5. 中心から1cmの円を描くようにぐし縫いする。
6. 糸を引き、玉どめする。花弁の完成。
7. **3**を**6**の中心にボンドで貼る。

a

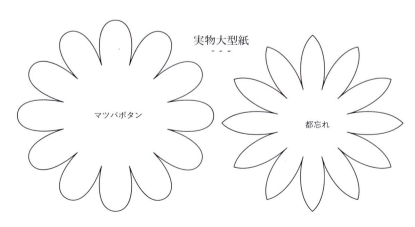

実物大型紙

マツバボタン

都忘れ

カーネーション ▶▶ p.17　仕上がり寸法 ▶▶ 直径9.5cm×高さ2cm

- フェルト
  20cm×20cm（各1枚）
  コーラルピンク　301
  ペールオレンジ　336

- その他の道具
  ワイヤー（30番 18cm 4本）

- 道具
  ピンキングばさみ
  ボンド
  竹串
  ニッパー
  ピンセット

つくり方

1 フェルトを直径4.5cmの円に切り、周囲をピンキングばさみで切る。[コーラルピンク]で4枚、[ペールオレンジ]で1枚、つくる。

2 円の周囲にはさみで16等分に切り込みを入れる。（**1**～**2**まで型紙参照）

3 花弁が重なるように半分に折る。さらに半分に折る。

4 ワイヤーを半分に折り、**3**の中央にひっかける。

5 根元を2～3回ねじる。

6 **2**～**5**と同様に、[コーラルピンク]で3本、[ペールオレンジ]で1本作る。

実物大型紙

7 [ペールオレンジ]を中心にして、[コーラルピンク]3本を合わせ、束ねる。

8 ワイヤーの根元をねじる。

9 ワイヤーを90度まげ、根元をニッパーで切る。

10 根元にボンドを塗る。

11 10を残りの[コーラルピンク]1枚に貼る。

12 完成。

日々草
にちにちそう

▶▶ p.16　　仕上がり寸法 ▶▶ 直径3.5 cm×高さ2cm

- フェルト
20cm×20cm（1枚）
薄紅色　　　123

- その他の材料
丸小ビーズ（黄色 5粒／丸大でも可）

- 道具
縫い針
縫い糸

つくり方

実物大型紙

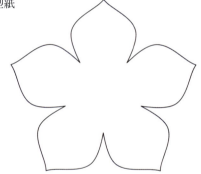

1　[薄紅色]を型紙の通りに切る。

2　**1**の中央に、円を描くようにビーズを5つ縫いつけ、最初の1つに針を通し、裏に針を出す。(写真a参照)

3　糸を引き、玉どめする。(写真b参照)

4　花弁を1枚ずつ順に、内側にねじるように整える。(写真c参照)

a

b

c

矢車菊(やぐるまぎく)

▶▶ p.19　仕上がり寸法　▶▶　直径4cm×高さ2cm

● フェルト
20cm×20cm（各1枚）
水色　　552
藤色　　662

● 道具
縫い針
縫い糸
竹串
ボンド
ピンセット

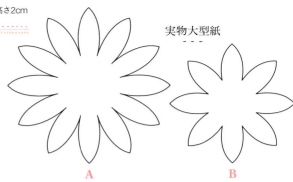

実物大型紙

A　　　　　　B

つくり方

1 [水色]を型紙Aの通りに3枚切る。1枚を花弁がずれるように半分に折り、もう1枚の上に重ねる。

2 中心を縫いとめる。残りの1枚も半分に折り、反対側に重ねて、中心を縫いとめる。

3 花弁大の完成。

4 [藤色]を型紙Bの通りに2枚切り、1枚を花弁がずれるように半分に折り、もう一度半分に折る。

5 4の中心に針を通す。もう1枚も同様に折り、針を通して縫いとめ、糸を引いて玉どめする。花弁小の完成。

6 5にボンドをつけ、3に貼る。完成。

59

アネモネ

▶▶ p.21　仕上がり寸法 ▶▶ 直径7cm×高さ1.5cm

● フェルト
20cm×20cm（各1枚）
紫　　　663
黒　　　790
白　　　703

● その他の材料
紫のフェルトボール
（直径1.5cm 1個／青でも可）

● 道具
グルーガン
グルースティック

つくり方

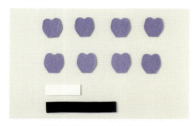

1 [紫]を型紙の通りに8枚、[オフホワイト]を1.5cm×5cm、[黒]を1.5cm×10cmの長方形に切る。

2 [オフホワイト]の片方の長辺に深さ3mmの切り込みを3mm間隔に入れ、グルーをつけながらフェルトボールに巻いて貼る。余った部分は切る。

3 [黒]も[オフホワイト]と同様に切り込みを入れ、グルーをつけながら2に巻いて貼る。花心の完成。

4 [紫]の花弁の1枚の根元にグルーを塗り、3の根元に貼る。

5 グルーが乾ききる前に、花弁の根元をつまむ。こうすることで立体感が出る。

6 花弁をもう1枚、5の花弁と向かい合わせになるように貼る。

▶▶ p.21の材料

実物大型紙

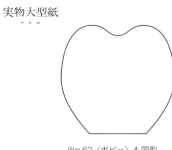

※p.62〈ポピー〉も同型

赤いアネモネ		ピンクのアネモネ		白いアネモネ	
藤色	662	ショッキングピンク	125	オフホワイト	701
オフホワイト	701	黒	790	クリーム色	304
黒のフェルトボール		紫	663	黄緑のフェルトボール	
		黒のフェルトボール			

7 残りの花弁も同様に貼る。1周目まで貼り終わったところ。

8 2周目を貼るときは、1周目の花弁のつなぎ目をふさぐように重ねる。

9 2周目まで貼り終わり、完成。

10 花弁を開きたいときは、花を逆さにし、中心を軽く押さえる。

ポピー

▶▶ p.20　　型紙　▶▶ p.61　　仕上がり寸法　▶▶ 直径6cm×高さ1.5cm

● フェルト
20cm×20cm（各1枚）
赤茶　　117
黒　　　790

● 道具
グルーガン
グルースティック
ピンセット

つくり方　※7の詳細手順　▶▶ p.60〈アネモネ〉4〜9参照

1. [赤茶]を型紙の通りに8枚切る。[黒]を1cm×10cm、2.5cm×15cmの長方形に1枚ずつ切る。
2. 短いほうの[黒]の端をピンセットではさみ、グルーをつけて巻いていく。（写真a参照）
3. 少しずつずらしながら、盛りあがった形になるように巻いていく。巻き終わりはグルーで貼る。（写真b参照）
4. 長いほうの[黒]の片方の長辺に深さ4mmの切り込みを3mm間隔に入れる。
5. 4の根元にグルーを塗り、3に巻いて貼る。花心の完成。
6. [赤茶]の花弁の根元に切り込みを入れ、グルーを塗り、重ねるように貼る。こうすることで花弁に立体感が出る。（写真c参照）
7. 6の根元にグルーを塗り、5に貼る。向かい合わせになるように残りの花弁も貼る。

a
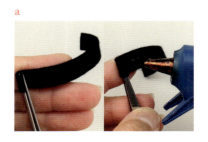

b
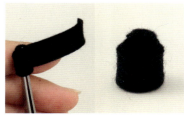

c

木蓮
もくれん

▶▶ p.22　　仕上がり寸法　▶▶ 直径6.5cm×高さ6cm〈小〉直径5cm×高さ4cm

実物大型紙

● フェルト
20cm×20cm（各1枚）
卵色　　331
黄緑　　450
黄色　　332

● 道具
グルーガン
グルースティック

● その他の材料
ワイヤー（20番 好みの長さ1本）

▶▶ p.23 の花弁の材料
コーラルピンク　　301

つくり方
※6の詳細手順 ▶▶ p.60〈アネモネ〉4〜5参照

1 [卵色]を型紙の通りに8枚切る。[黄緑]を2cm×5cm、[黄色]を1.5cm×4cmの長方形に切る。

2 [黄色]の片方の長辺に深さ4mmの切り込みを3mm間隔に入れる。[黄緑]の長辺の片端にグルーをつけ、輪ができるように縦半分に折って貼る。（写真a参照）

3 2の輪側に深さ3mmの切り込みを3mm間隔に入れる。ワイヤーに巻きつけながら、グルーで貼る。最初のひと巻きと巻き終わりは、しっかりとめて貼ると型崩れしにくい。（写真b参照）

4 [黄色]の根元にグルーをつけながら、3に巻いて貼る。長さが余ったら切る。花心の完成。

5 [卵色]の花弁の先端に3mmの切り込みを入れ、グルーを塗り、重ねるように貼る。（写真c参照）

6 花弁の根元にグルーを塗り、向かい合わせになるように4に貼る。（写真c参照）

※葉は[抹茶色（444）]を5cm×7cm（〈小〉は2cm×2.5cm）の長方形に切り、長いほうの辺の両端を弧を描くように切る。

a
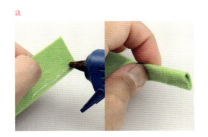

b

c

梔子
くちなし

▶▶ p.24　　仕上がり寸法　▶▶ 直径4cm×高さ2.5cm

● フェルト
20cm×20cm（各1枚）
ダークイエロー　333
オフホワイト　　701

● 道具
ピンキングばさみ
縫い針
縫い糸

実物大型紙

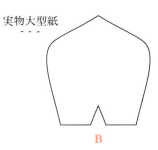

B

つくり方

※**1〜3**の詳細手順 ▶▶ p.48〈ダリア〉**1〜4**参照／※**4〜5**の詳細手順 ▶▶ p.42〈薔薇〉**6〜8**参照

1 [ダークイエロー]を1.5cm×6.5cmに切る。片方の長辺の端1mmをピンキングばさみで切り落とす。

2 ギザギザの谷に合わせ、深さ1cmの切り込みを入れる。（写真a参照）

3 少しきつめに端から巻き、根元を十字に縫う。花心の完成。

4 [オフホワイト]を型紙Aの通りに5枚切り、ぐし縫いでつなぐ。

5 **4**を**3**に巻き、根元を十字に縫う。花小の完成。

6 [オフホワイト]を型紙Bの通りに7枚切り、p.46〈椿〉**10〜13**と同じ手順でつなぐ。（写真b参照）

7 **6**を**5**に巻き、根元を十字に縫う。

a

b

実物大型紙

A

デイジー

▶▶ p.25　　仕上がり寸法　▶▶ 直径4.5cm×高さ1.5cm

■ フェルト
20cm×20cm（各1枚）
桃色　　102
桜色　　110

● 道具
縫い針
縫い糸

つくり方　※**4〜5**の詳細手順　▶▶ p.48〈ダリア〉**3〜6**参照

1 [桃色]を2cm×9cm、[桜色]を3cm×20cmに1枚ずつ切る。

2 それぞれ縦半分に折り、輪の反対側を縫う。(写真a参照)

3 それぞれ輪側に深さ8mmの切り込みを3mm間隔に入れる。(写真b、c参照)

4 [桃色]を端から巻き、根元を十字に縫う。

5 4に[桜色]を巻き、根元を十字に縫う。

a

b

c

葉 I

▶▶ p.15　仕上がり寸法 ▶▶ 縦8cm×横6cm

● フェルト
20cm×20cm（各1枚）
ライトグリーン　443
黄緑　　　　　450

● 道具
ボンド
クリップ
竹串
洗濯ばさみ

つくり方

1. [ライトグリーン]を型紙A、Bの通りに1枚ずつ、[黄緑]を型紙Aの通りに1枚切る。Aの[ライトグリーン]の根元にボンドを塗り、Aの[黄緑]を少しずらして重ねて貼る。（写真a参照）

2. さらに根元にボンドを塗り、Bの[ライトグリーン]を重ねて貼る。根元全体にボンドを塗る。（写真a参照）

3. 根元を折って洗濯ばさみで固定する。そのまま約1日置いて完全に乾燥させる。（写真b参照）

a　b

葉 II

▶▶ p.18　仕上がり寸法 ▶▶ 縦7.5cm×横5cm

● フェルト
20cm×20cm（各1枚）
オリーブグリーン　442
抹茶色　　　　　444

● その他の材料
刺繍糸（緑）

● 道具
縫い針

つくり方

1. 型紙の通りにフェルトを切る。

2. 縦半分に折り、根元から輪を巻きかがる。糸が表に出ないように、浅めに縫う。やや引いて縫うと、立体感が出る。（写真a参照）

3. 先端まで縫ったら再度根元まで巻きかがる。（写真b参照）

a

b

実物大型紙

葉 I

A

B

葉 II

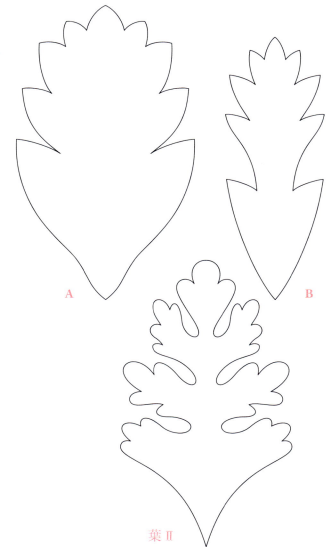

葉 Ⅲ

▶▶ p.24　仕上がり寸法　▶▶ 縦6.5cm×横2.5cm

● フェルト
20cm×20cm （各1枚）
深緑　　449
濃紺　　558

● 道具
ボンド
竹串

つくり方

1 [深緑]を型紙の通りに切る。葉脈の部分は横半分に折って、はさみで切り込みを入れてから、型紙の線に沿って切る。（写真a参照）

2 [深緑]の裏面に、葉脈の部分をさけてボンドを塗り、[濃紺]に貼る。はみ出たボンドはティッシュでふきとる。（写真b参照）

3 ボンドが乾く前に、2の形に沿って[濃紺]の周囲を切る。（写真c参照）

実物大型紙

a

b

c

多肉植物 I

▶▶ p.26　仕上がり寸法　▶▶　直径5cm×高さ5cm

● フェルト
20cm×20cm（1枚）
アップルグリーン　405

● 道具
グルーガン
グルースティック
洗濯ばさみ

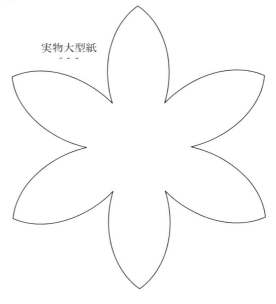

実物大型紙
- - -

つくり方
- - -

1. [アップルグリーン]を型紙の通りに2枚切る。

2. 1枚の中心にグルーをつけ、葉がずれるように半分に折る。（写真a参照）

3. さらにグルーをつけて半分に折り、根元を洗濯ばさみでとめて5分乾燥させる。もう1枚も同様にする。（写真b参照）

4. 2つの葉の根元をグルーで貼り合わせ、洗濯ばさみでとめて5分乾燥させる。（写真c参照）

a

b

c

多肉植物 II

▶▶ p.26　型紙　▶▶ p.92　仕上がり寸法　▶▶ 直径3.5cm×高さ2cm

● フェルト
20cm×20cm（1枚）
黄緑　　　450

● 道具
ピンキングばさみ
グルースティック
ピンセット

つくり方

1 [黄緑]を型紙の通りにピンキングばさみで切る。さらに先端の角を片方、ひと山分切り落とす。（写真a参照）

2 切り落としたほうの端をピンセットではさみ、根元のほうにグルーをつけながら巻いて貼る。（写真b参照）

3 巻き終わりは底にフタをするようにグルーで貼る。（写真c参照）

a

b

c

多肉植物 Ⅲ

▶ p.26　仕上がり寸法 ▶▶ 直径3.5cm×高さ6cm

■ フェルト
20cm×20cm（1枚）
緑　　　　446

● 道具
グルーガン
グルースティック
ピンセット

つくり方

1　[緑]を2cm×6cmの長方形に切る。はさみで片方の両角を切り落とす。同じものを10枚つくる。（写真a参照）

2　根元の右下にグルーをつけ、アーチ状になるように、10枚すべての葉を重ねて貼る。（写真b参照）

3　端をピンセットではさみ、グルーをつけながら巻いて貼る。（写真c参照）

a

b

c

71

多肉植物 IV

▶▶ p.26　　仕上がり寸法　▶▶ 直径7cm×高さ2.5cm

● フェルト
20cm×20cm（1枚）
ライトグリーン　443

● その他の材料
フェルトボール（直径2cm 1個）

● 道具
グルーガン
グルースティック

つくり方　※3の詳細手順 ▶ p.60〈アネモネ〉6～8参照

1. [ライトグリーン]を型紙の通りに30枚切る。葉先にグルーを塗り、フェルトボールを包むように4枚貼る。（写真a、b参照）
2. 根元にもグルーを塗り、フェルトボールを完全に包む。中心の完成。（写真c参照）
3. 葉の根元にグルーを塗り、向かい合わせになるように1枚ずつ2に貼る。
4. 残りの葉も同様に4周目まで貼る。

実物大型紙

※p.73〈多肉植物V〉も同型

a

b

c

多肉植物 V

▶ p.26　　型紙　▶ p.72　　仕上がり寸法　▶ 直径4.5cm×高さ2cm

● フェルト
20cm×20cm（1枚）
オリーブグリーン　　442

● 道具
グルーガン
グルースティック
ピンセット

つくり方

1 [オリーブグリーン]を型紙の通りに15枚切る。根元の右下にグルーをつけ、アーチ状になるように、5枚重ねて貼る。

2 1の端をピンセットではさみ、グルーをつけながら巻いて貼る。

3 4枚の葉を1のように貼り重ねる。輪になる様に端と端をグルーでつなぐ。

4 3と同様に6枚の葉を貼り重ね、外葉をつくる。

5 2の根元にグルーをつけ、3の中に入れて貼る。

6 5の根元にグルーをつけ、4の中に入れて貼る。完成。

ベリーショートケーキ

▶▶ p.28　型紙 ▶▶ p.93　仕上がり寸法 ▶▶ 直径5.8cm×高さ6.3cm

仕上げの方法 ▶▶
ベリービーズ（直径1cm 赤）とトッピング飾り（つくり方はp.75-77参照）にボンドを塗り、写真を参考に土台にのせて貼る。

土台 ▶▶

🍓 フェルト
20cm×20cm（1枚）
白　　　703

🍓 その他の材料
スチレンボード（紙なしタイプ
5mm厚 30cm×30cm）
レース（好みのもの 適量）

🍓 道具
目打ち
両面テープ
縫い針
縫い糸
ボンド

つくり方

1 スチレンボードに型紙Aを合わせ、目打ちで筋をつけ、はさみで切る。5枚つくる。

2 両面テープで5枚のボードを貼り、高さ2.5cmの円筒形をつくる。

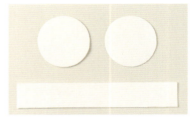

3 [白]を型紙Bの通りに上・下用を各1枚、側面用に2.6cm×17.5cmを切る。

4 2の上・下、側面に3を両面テープで貼る。

5 土台の上・下、側面をブランケット・ステッチで縫い合わせる。

6 5の側面にボンドを塗り、レースを貼る。完成。

いちご

- フェルト
  20cm×20cm（1枚）
  赤　　　　113

- その他の材料
  丸小ビーズ（ピンク 10個）
  綿（適量）

- 道具
  縫い針
  縫い糸
  ピンセット

つくり方

1　[赤]を型紙の通りに切り、表面にビーズを縫いつける。穴に2回糸を通す。

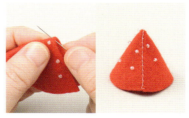

2　円すい形になるように長辺を半分に折り、直線部分をブランケット・ステッチで縫い合わせる。

3　ふちをぐし縫いし、中に綿をつめる。綿はピンセットで奥までぎゅっと押し込む。綿の量は写真参照。

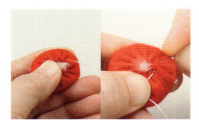

4　底辺の糸を引いてしぼり、玉どめする。ひと針返し縫いをしてから、もう一度玉どめする。

5　4の口のすき間からふたつまみ程度の綿をさらにつめる。

6　いちごの先端まで綿が詰まるよう、針の先で押し上げるようにする。完成。

ブルーベリー
- - -

- ■ フェルト
  20cm×20cm（1枚）
  濃紺　　　558

- ● その他の材料
  綿（適量）

- ● 道具
  縫い針
  縫い糸
  ピンセット

つくり方
- - -

1　[濃紺]を型紙の通りに切る。ふちを2本どりでぐし縫いする。

2　中に綿をつめながら糸を引いていく。綿の量は写真参照。

3　一度玉どめをしてから、さらにピンセットで綿をつめる。固くなるまでつめたら、糸を引いて玉どめする。

4　中心に向かってすくい、対角線上に渡して引くを繰り返し、口を縫う。最後は強く引いて玉どめする。

5　下から上へ針を出し、ひと目縫うイメージで下へもぐらせ、玉どめする。

6　縫い跡が×印になるよう、もう一度繰り返す。しっかりと糸を引いて玉どめする。完成。

しぼりクリーム

- - -

● フェルト
20cm×20cm（1枚）
白　　　703

● 道具
縫い針
縫い糸

つくり方
- - -

1. [白]を型紙通りに8枚切って重ね、2本どりの糸で根元を巻きかがる。1目ごとにしっかりと糸を引き、最後に玉どめする。(写真a参照)

2. 重なりがずれていたらはさみで切って形を整える。(写真b参照)

ミント／チョコレート飾り

- - -

● フェルト
20cm×20cm（1枚）
抹茶色　　　444

● その他の材料
グルースティック（茶色）

● 道具
ボンド
つまようじ
洗濯ばさみ
グルーガン
オーブンシート

つくり方 ▶▶ ミント
- - -

1. [抹茶色]を型紙通りに切り、根元にボンドを塗る。根元を折って、洗濯ばさみで固定する。(写真a参照)

2. 5分乾燥させる。

▶▶ チョコレート飾り

1. 図案の上にオーブンシートを重ね、茶色のグルーで図案をなぞる。2～3分おき、冷ます。(写真b参照)

チョコレートケーキ

▶▶ p.29　仕上がり寸法 ▶▶ 縦5cm×横5cm×高さ5.1cm

土台 ▶▶

- フェルト
  20cm×20cm（各1枚）
  こげ茶　　229
  カーキ色　219
  白　　　　703

- 道具
  ボンド

つくり方

1 [こげ茶]を6枚、[カーキ色]、[白]を各5枚、5cm×5cmの正方形に切る。[こげ茶]の片面にボンドを塗る。

2 [白]→[カーキ色]→[こげ茶]の順に繰り返し貼っていく。6枚すべて貼って完成。

仕上げの方法 ▶▶

1 [白]を型紙の通りに切り、ボンドでケーキ本体の上面に貼る。

2 [ワインレッド(120)]を型紙(p.93)の通りに切り、いちごをつくる。（つくり方はp.75参照）

3 **2**とその他のトッピング飾り（つくり方はp.79-81参照）にボンドを塗り、写真を参考に**1**の上にのせて貼る。

実物大型紙
- - -

バナナ

- - -

● フェルト
20cm×20cm（1枚）
クリーム色　304

● その他の材料
刺繍糸（茶色）

● 道具
縫い針
色鉛筆（茶色）
ボンド

つくり方

- - -

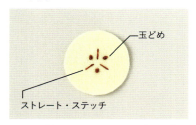

1　型紙の通りに、[クリーム色]を1枚切る。写真のように茶色の刺繍糸2本どりで模様を入れる。

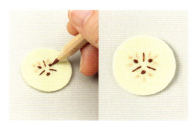

2　茶色の色鉛筆で、模様を描く。

3　裏面にボンドを塗って[クリーム色]のフェルトに貼る。

4　2の形に沿ってはさみで切る。

実物大型紙

- - -

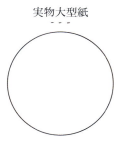

スティッククッキー

- フェルト
  [カーキ色] 20cm×20cm（1枚） 219
- その他の材料
  刺繍糸（茶色、白）
- 道具
  ボンド
  つまようじ

つくり方

1 [カーキ色]を2.5cm×3cmに切る。全体にボンドを塗り、辺の長いほうを端から巻く。

2 刺繍糸のこげ茶6本どり、白6本どりを2本そろえ、**1**の巻き終わりにはさむ。

3 糸をななめに巻きつけていく。

4 余った糸を切って、糸端をフェルトに巻き込む。

キウイ

- フェルト
  20cm×20cm（各1枚）
  黄色　　332
  黄緑　　450
  白　　　703

- その他の材料
  丸小ビーズ（黒 3個）
  刺繍糸（白）

- 道具
  ボンド
  縫い針

つくり方

1 [黄緑]、[黄色]を型紙Aの通りに各1枚、[白]を型紙Bの通りに2枚切る。[白]を[黄緑]に貼る。

2 白の刺繍糸2本どりでストレート・ステッチを4本刺す。

3 白糸の間に黒のビーズを縫いつける。裏面にボンドを塗ってひと回り大きい[黄緑]のフェルトに貼り、元の形に沿ってはさみで切る。[黄色]でも1〜3を繰り返す。

実物大型紙

A　　B

マカロン

▶▶ p.31　型紙 ▶▶ p.95　仕上がり寸法 ▶▶ 直径3.2cm×高さ2cm

※各色1個分の材料

● フェルト
20cm×20cm（各1枚）
アップルグリーン　405
サーモンピンク　　105
ベージュ　　　　　213
山吹色　　　　　　383
藤色　　　　　　　662
白　　　　　　　　703

● その他の材料
厚紙（6cm×6cm）
キルト綿（6cm×6cm）

● 道具
縫い針
縫い糸
ボンド
セロハンテープ

つくり方

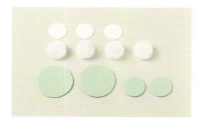

1　厚紙とキルト綿を型紙Aの通りに切る。厚紙は3枚、キルト綿は4枚つくる。[アップルグリーン]を型紙B、Cの通りに各2枚切る。

2　キルト綿を2枚重ねてボンドで貼る。

3　厚紙に少量のボンドを塗り、重ねたキルト綿を貼る。同じものを2個つくる。

4　型紙Cのフェルト1枚を、写真のように円に沿ってぐし縫いする。

5　キルト綿がフェルト側になるよう、3をくるんで糸を引きしぼっていく。

6　引きしぼりきったら玉どめする。

7　6のひだ部分にボンドを塗り、型紙Bのフェルトを貼る。4〜7を繰り返し、おなじものを2個つくる。

8　[白]を2cm×10cmの長方形に切り、写真のように輪をつくり、つなぎ目をブランケット・ステッチで縫い合わせる。

9　8の上下をそれぞれ2mm残してぐし縫いする。

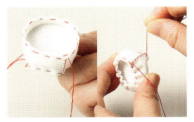

10　9の中央に厚紙を入れて、少しずつ交互に糸を引きしぼり、玉どめする。

11　7の平らになっているほうにボンドを塗り、10をはさむように貼る。

12　全体をくるむようにセロハンテープでしっかりととめ、約1日置いて完全乾燥させる。

13　乾いたら中心にはさみを入れてセロハンテープを切り、上下面をそっとはがす。

14　毛羽立ったフェルトをはさみで切って整える。

15　完成。

クッキー

▶▶ p.32　　型紙　▶▶ p.95　　仕上がり寸法　▶▶ 直径4cm×厚み1cm

※バニラクッキー 1個分の材料

■ フェルト
20cm×20cm（1枚）
卵色　　　331

▶▶ p.32 の材料

アイスボックスクッキー
- - -
卵色　　　331
こげ茶　　790

● その他の材料
厚紙（6cm×6cm）
キルト綿（6cm×6cm）

チョコチップクッキー
- - -
刺繍糸（茶色）

● 道具
縫い針
縫い糸
ボンド
アイシャドー（茶色）

チョコソースクッキー
- - -
グルースティック（茶色）

つくり方　（バニラクッキー）
※**2～3**の詳細手順 ▶▶ p.82〈マカロン〉**2～6**参照

1　型紙Aの通りに厚紙1枚、キルト綿2枚、[卵色]1枚を切る。

2　厚紙に少量のボンドを塗り、キルト綿2枚を重ねて貼る。

3　[卵色]を型紙Bの通りに切り、円に沿ってぐし縫いする。**2**をくるんで糸を引きしぼり、玉どめする。

4　引きしぼった側の中央にボンドを入れ、細かく切ったフェルトの切れ端をつめる。（写真a参照）

5　**1**の[卵色]にボンドを塗り、**4**の引きしぼった側に貼り、たてまつり縫いで縫いとめる。（写真b参照）

6　茶色のアイシャドーでこげ目をつける。

a

b

c

アイスボックスクッキー
- - -

つくり方
- - -

1. [こげ茶]と[卵色]を型紙Cの通りに2枚ずつ切る。
2. 隣のフェルトとの境目にもボンドをつけ、バニラクッキーの表面に交互になるようにボンドで貼る。（写真参照）

※p.32の左下は[こげ茶(229)]でつくる。

チョコチップクッキー
- - -

つくり方
- - -

1. 茶色の刺繍糸を2本どりにし、縫い始めの糸は長く出しておき、表面に糸を3回巻いた玉どめの模様を刺す。（写真a参照）
2. 縫い始めと縫い終わりの糸は、フェルトの中にもぐらせて始末する。（写真b参照）

※p.32の中央下は[カーキ色(219)]でつくる。

a

b

チョコソースクッキー
- - -

つくり方
- - -

1. バニラクッキーの表面に、茶色のグルーで波形に模様を描く。2〜3分乾燥させる。（写真参照）

※p.32の左上は[茶色(225)]でつくり、白のグルーで模様を描く。

パウンドケーキ ▶ p.33　　型紙 ▶ p.95　　仕上がり寸法 ▶ 縦5.5cm×横6cm×厚み1.2cm

■ フェルト
20cm×20cm（各1枚）

▶ いちごのパウンドケーキ

卵色	331
赤	113
サーモンピンク	105
カーキ色	219

▶ 抹茶のパウンドケーキ

オリーブグリーン	442
茶色	225
カーキ色	219

▶ コーヒーのパウンドケーキ

ベージュ	213
こげ茶	229

● その他の材料
刺繍糸（茶色 抹茶のパウンドケーキ）

● 道具
スチレンボード
（紙なしタイプ 10cm×6cm）
両面テープ
縫い針
縫い糸
ボンド
アイシャドー（茶色 いちごのパウンドケーキ）
つまようじ（抹茶のパウンドケーキ）

本体
つくり方（いちごのパウンドケーキ）

1. スチレンボード、[卵色]を型紙Aの通りに各2枚、[カーキ色]を1.1cm×22cmの長方形に切る。

2. スチレンボード2枚を両面テープで接着し、表面と裏面に[卵色]、側面に[カーキ色]をボンドで貼る。

3. フェルトの境目をブランケット・ステッチで縫い合わせる。

いちごのパウンドケーキ
- - -

つくり方
- - -

1. 本体のふちに茶色のアイシャドーでこげ目をつける。（写真a参照）
2. [赤]と[ピンク]を目打ちなどで少量ほぐし、本体のところどころにボンドで貼る。（写真b参照）

抹茶のパウンドケーキ
- - -

つくり方
- - -

1. p.86レシピの[卵色]を[オリーブグリーン]に、[カーキ色]を[茶色]に替えて本体をつくる。
2. [カーキ色]を型紙Bの通りに8枚切り、本体の表面と裏面に4枚ずつボンドで貼る。
3. 1の周りにつまようじでボンドを塗り、茶色の刺繍糸6本どりを沿わせるように貼る。（写真参照）

コーヒーのパウンドケーキ
- - -

つくり方
- - -

1. p.86レシピの[卵色]を[ベージュ]に、[カーキ色]を[こげ茶]に替えて本体をつくる。
2. [こげ茶]を型紙Cの通りに切り、裏面と表面でうず巻きが逆になるように1にボンドで貼る。（写真参照）

ロールケーキ

▶▶ p.30　　型紙 ▶▶ p.94　　仕上がり寸法 ▶▶ 直径7cm×高さ7.4cm

● フェルト
20cm×20cm（各1枚）
白　　　　703
卵色　　　331
抹茶色　　444
赤　　　　113
カーキ色　219

● その他の材料
丸小ビーズ（ピンク 10個）
ベリービーズ（直径1cm 赤）
刺繍糸（茶色）
綿

● 道具
スチレンボード
（紙なしタイプ5mm厚
20cm×20cm）
目打ち
両面テープ
縫い針
縫い糸
ボンド
つまようじ

つくり方

1. スチレンボードに型紙Aを合わせ、目打ちで筋をつけ、はさみで切る。3枚つくり、両面テープで重ねて貼る。

2. [白]を型紙Aの通りに2枚、[卵色]を型紙Bの通りに2枚切る。

3. [卵色]にボンドをつけ、[白]に貼る。渦巻きが逆になるように、もう1組つくる。

4. 3の渦巻の境目に、つまようじなどを使ってボンドを塗り、茶色の刺繍糸を貼る。糸は最後は内側に折り込み、ボンドで貼る。（写真a参照）

5. [赤]を目打ちなどでほぐし、[白]の上にボンドで貼る。（写真b参照）

6. [白]を2.2cm×20cmの長方形に切り、1の側面に両面テープまたはボンドで貼る。さらに5を表と裏に貼る。

7. 6のフェルトの境目を白糸1本どりでブランケット・ステッチで縫い合わせる。

8. [白]を2.5cm×2cmに10枚切り、5mmずつ重ねてボンドで貼る。（写真c参照）15分ほど乾かし、7の側面にボンドを塗って貼る。

9. [カーキ色]を1～2mm角に切って、8の上面にボンドで貼る。写真を参考にベリービーズとその他の飾りをボンドで貼る。

※その他の飾りのつくり方
いちご ▶▶ p.75参照／しぼりクリーム、ミント ▶▶ p.77参照

a
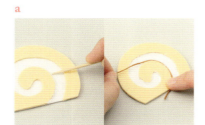

b
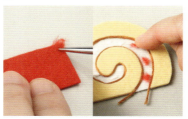

c
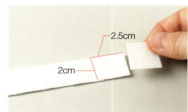

小物への仕立て方
つくった作品をアクセサリーや小物に仕立てて使うといっそう楽しめます。

ヘアゴム

1 裏側に好きな葉の形に切ったフェルトをグルーで貼る。

2 余ったフェルトでゴムをはさみ、グルーで貼る。

ブローチ

1 ブローチ台にグルーを塗る。

2 花の裏側の中心をブローチ台に貼る。

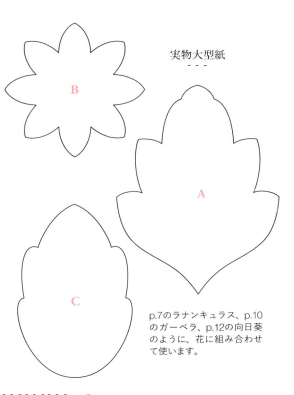

実物大型紙

B

A

C

p.7のラナンキュラス、p.10のガーベラ、p.12の向日葵のように、花に組み合わせて使います。

▶▶ p.34-37の仕立て方 ◀◀

▶ **p.34 ヘアピン**
ヘアゴムと同じ要領でピンの間にフェルトをはさみ、花の裏側にグルーをつけて貼る。

▶ **p.35 ブローチ**
🌸 ニチニチソウ
ブローチ台にグルーで貼る。

🌸 アジサイ
シャワー台に直接ビーズとフェルトを縫いつける。
(写真a参照)

▶ **p.36 チョーカー**
リボンに花を縫いつける。

▶ **p.37 キーチェーン**
マカロンの白い部分に二重カンを縫いつけてつなぐ。一番上のカンにチェーンを通す。

a

89

実物大型紙

本書作品の実物大型紙です。

ダリア

作品 ▶▶ p.9
つくり方 ▶▶ p.48

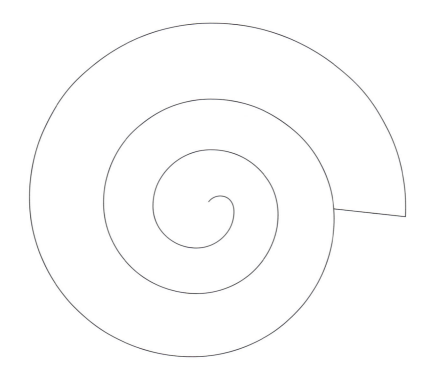

多肉植物 II

作品 ▶▶ p.26
つくり方 ▶▶ p.70

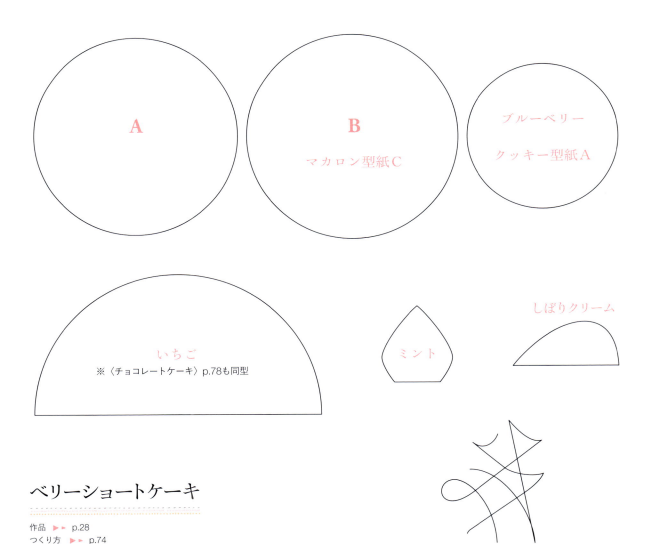

ベリーショートケーキ

作品 ▶ ▶ p.28
つくり方 ▶ ▶ p.74

※マカロンの型紙C、クッキーの型紙Aも含みます。
※チョコレートケーキのいちごの型紙も含みます。

ロールケーキ

※ミントはp.93のベリーショートケーキのものと同型です。

作品 ▶▶ p.30
つくり方 ▶▶ p.89

A

B

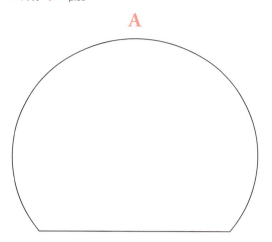
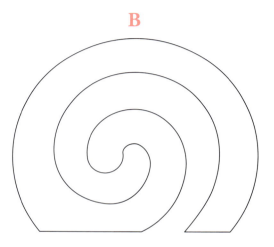

いちご

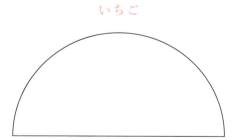

しぼりクリーム

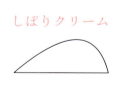

マカロン

作品 ▶▶ p.31
つくり方 ▶▶ p.82-83

※型紙Cはp.93にあります。

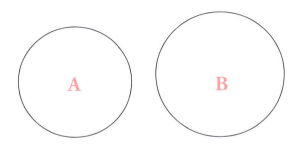

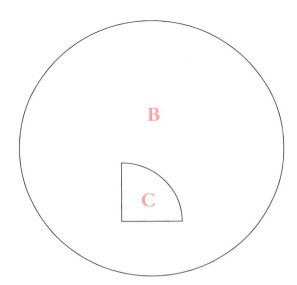

パウンドケーキ

作品 ▶▶ p.33
つくり方 ▶▶ p.86

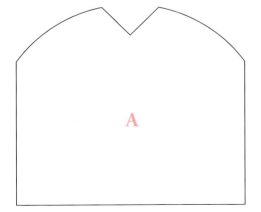

クッキー

作品 ▶▶ p.32
つくり方 ▶▶ p.84

※型紙Aはp.93にあります。

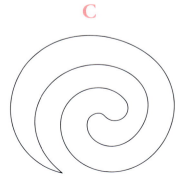

著者

PieniSieni

ビーズ・フェルト刺繍作家。独特な色使いと繊細な仕上がりでオリジナリティあふれる作品を生み出している。著書に『フェルトで作る花モチーフ92』（講談社）など。
http://pienisieni.exblog.jp/

元山ゆう子

ハンドメイド作家。minneなどでフェルトやビーズの作品を販売中。手軽につくれるレシピで親しみやすいカラフルな作品が魅力。ブログで様々なクラフトについても紹介中。
https://minne.com/@sunnybloom（Sunny&Bloom）
https://scrappinyuko.com

RUKO（南木裕子）

フェルト作家。フェルトスイーツ作品の先駆者。細部までこだわったリアリティあふれるスイーツ作品が人気。著書に『RUKOのフェルトのスイーツ』（主婦の友社）など。
http://ruko.sweet.coocan.jp/

材料提供

サンフェルト株式会社　http://www.sunfelt.co.jp/
〒111-0042
東京都台東区寿2-1-4　TEL：03-3842-5562(代)

道具協力

クローバー株式会社　　　http://www.clover.co.jp/
〒537-0025
大阪市東成区中道3丁目15番5号　　TEL：06-6978-2211（代）

STAFF

撮影	天野憲仁（日本文芸社）
スタイリング	前田かおり
装幀、本文デザイン	瀬戸冬実
図案作成	ウエイド
編集協力	オメガ社

＜撮影協力＞
UTUWA
TEL：03-6447-0070

フェルトでつくる
かわいい花とスイーツ

2017年11月1日　第1刷発行

著　者　PieniSieni／元山ゆう子／ RUKO（南木裕子）
発行者　中村　誠
印刷所　図書印刷株式会社
製本所　図書印刷株式会社
発行所　株式会社 日本文芸社
〒101-8407　東京都千代田区神田神保町1-7
TEL 03-3294-8931(営業) 03-3294-8920(編集)
Printed in Japan　112171020-112171020 Ⓝ 01
ISBN978-4-537-21521-2
URL http://www.nihonbungeisha.co.jp/
© PieniSieni / Yuko Motoyama / RUKO　2017
編集担当　吉村

乱丁・落丁本などの不良品がありましたら、小社製作部宛にお送りください。送料小社負担にておとりかえいたします。
法律で認められた場合を除いて、本書からの複写・転載(電子化を含む)は禁じられています。また、代行業者等の第三者による電子データ化および電子書籍化は、いかなる場合も認められていません。